星山麻木
Hoshiyama Asagi

ちがうことは強いこと

――その子らしさを大切にする子育て

河出書房新社

はじめに

みなに合わせる

目立たないようにする

これは教えられてきたこと

一方で

誰ともちがう自分でありたい

この二つの考えは、しばしば自分の中で対立していました

私は大学を卒業し、肢体不自由の子どもたちの通う学校の先生になりました

出会った子どもたちは

みなに合わせることなく

誰ともちがっていました

それでいて、一つ一つが愛おしいのです

話し方、しぐさ、表情

私が今まで習ってきた常識は通用しませんでした

最初は、ちがいが気になっていましたが

日々、穏やかに過ごすうち

だんだんわかるようになっていきました

私たちは最初から、それぞれちがう
ちがうからこそ、素敵なのだ
そんなこと、あたりまえのことに、やっと気がついたのです

ちがうからこそ、尊く
ちがうからこそ、あなたにしかできない役割がある
出会った子どもたち一人ひとりが
大切なことを教えてくれました

私たちはちがうからこそ、同じを求め安心しようとします
いつのまにか人とのちがいを、わるいことであるかのように隠し
人と同じであろうとすることが正義であるかのように
人を傷つけてしまうことがあります

自然は、それぞれちがっていて
同じものなど一つもない
だからこそ豊かであること

人間も自然の一部であり、子どもたちは大自然
それぞれちがっていて
だからこそ面白い、かわいい

少数派の子どもたちと出会って
彼らのことをもっと知りたいと思っているうち
30 年余りの月日が流れていきました

みな同じがよいという価値観は

時とともに少しずつ色褪せていきました

ちがうことは強いこと

かけがえのない、たった一つの命を授かった子どもたち

そのちがいが、あなたの自信と誇りになりますように

出会った子どもたちが与えてくれた勇気をあなたに贈ります

2021年7月

星山麻木

目　次

Contents

ちがうことは強いこと

——その子らしさを大切にする子育て

第Ⅰ章

よく考えると不思議なこと

ねえ

私　みんなと同じ？

いいえ

ちがうからこそ　素敵なの

1 「頑張ればできる」というウソ

私たちは「頑張る」ことが好き。誰かが頑張る姿を見て、感動し、勇気をもらう。自分が頑張って目標を達成したときの充実感は忘れられない。ましてやチーム一丸となって頑張り、優勝したときの喜びや連帯感はかけがえのない体験だ。

でも「頑張ればできる」は本当なのだろうか？

子どもたちへの「頑張れ！」は励ましの言葉だ。

進行性の病気の子どもがいた。筋力がゆっくり低下し、だんだん歩けなくなる。

一人で歩いていた子どもは転ぶことが多くなった。それでも、毎日歩く練習をした。いつまで練習をするのか、いつ車椅子に切り替えるのか、どこまで子どもが頑張り続けたらいいのか、誰もわからなかった。それでも、少しでも長く、一歩でも歩けるように、気がつくと「頑張れ！」と叫んでいた。

残された人生の時間を歩くことに使うのか、好きな詩を書くことに使うのがいいのか、答えは誰にもわからなかった。

ある日、その子はなくなった。

残された貴重な時間で、毎日、何のために歩く練習をしていたのだろう。

誰のために練習していたのだろう。

人間には頑張ってもできないことがある。

人は善意で「頑張れ！」と言う。でも、忘れてはいけない。どんなに頑張ってもできないことがある。頑張っても圧倒的に走るのが遅く、頑張っても圧倒的にハサミで切ることに時間がかかり、頑張っても圧倒的に食べられないものがあり、頑張っても圧倒的に九九が覚えられない。それらは生まれつきの機能のちがいで本人の責任ではない。

それなのになぜこんなにも「頑張れ！」と言うのだろうか。頑張ってもできないのは、頑張りがたりないから、ではないというのに。

「頑張れ！」と言われるたびに、もう充分に、これ以上できないほど頑張っても、できなかった子の心は深く傷ついていく。
「頑張ればできる」は、優しさに満ちた正義の言葉。

でも「ウソ」なんだよ。

私たちが授かった機能はそれぞれちがう。
子どもたちに与えられた機能も役割も最初から、それぞれちがう。
だからこそ、そのちがいこそが尊い。

多数派のためにつくられた一律のゴールを少数派に押し付けて、人一倍「頑張る」を求めることは、公平ではない。

「頑張ってもできない」、だから自分は生きていても仕方ない。そんなことないよ。

頑張っているあなたは、できなくても、ちっともわるくない。

あなたは、もう充分に人の何倍も頑張ってきた。

そこにいるだけで、あなたは、もう充分価値がある。自分を傷つけるほど、頑張らなくてもいい。

頑張り方は一人ひとりちがう。目指すゴールだってちがう。

自分らしく、あなたらしく、伸びやかに生きればよいのだから。

機能がちがう人が、同じゴールを目指す必要はない。

できるか、できないか、なんて狭い価値観。

同じように頑張るべき、という正義を捨ててしまおう。

「頑張ればできる」というウソを信じて、頑張っている子、頑張っている自分をもうこれ以上苦しめないようにしよう。

母　ねえ、まだ頑張れそう？

子　うーんもうムリ

母　いっぱい、頑張ってきたもの、
　　もうこれで充分

2　標準服が合わない

標準服とは平均的で多数派のサイズでつくられた服のことだ。

身体のサイズのちがいは目に見える。

標準服が合わないなら、自分のサイズに合ったオーダーメイドをつくればいい。

サイズに合わせた、たった１枚しかない服をつくるには手間暇もコストもかかる。

自分のサイズに合わない服を着せられたまま生きるのは、苦しい。

自分の手が短いのに、もっと長くなれ。

自分の足が長いのに、もっと短くなれ。

もともとサイズがちがうのに、そんなこと、できるはずもない。

脳の機能のちがいは目に見えない。

目に見えないだけで、標準服と同じように、自分に合わないやり方を押し付けられたら。

苦しくなるのはあたりまえだ。

私たちは脳の機能のちがいを、外からのぞいて見ることなどできない。

人間の脳の機能は一人ひとりちがうのだから、本当は子どもも、一人ひとりちがうはずだ。

私たちは同じ規格でつくられたロボットではない。

人工とは人間がつくったもの。

私たちは自然。そして、子どもたちは大自然。

自然は一つ一つちがう。

それなのに、いつの間にか私たち自身だって、まるで機能が同じロボットのように扱われてこなかっただろうか。

オーダーメイドは、確かに手間暇がかかるし効率もわるい。

私たち人間はどんなに手間暇がかかったとしても、合わない標準服を無理やり着せることより、もっと大切なことに時間を使う価値がある。

その子がその子らしく生きる応援をすること。

その子に合ったオーダーメイドの子育てをすることの方が、ロボットをつくることより、ずっと難しい。時間もかかる。

でも、諦めない。

子ども一人ひとりの持って生まれたちがいが良さとして生かせるように。

誰ともちがうからこそ、自分に自信と誇りを持てるように。

唯一無二の我が子のために、特別な子育てオーダーメイドプランを、ゆっくり準備しよう。

私らしい生き方で私らしく。

この子との、このかけがえのない時間そのものが嬉しい。

この子に出会えたこと。それだけで、もう充分。

子　どの服も窮屈で、似合わない……

母　そうね、ここの服は全部、真っ白の四角、
あなたには、似合う服はない

子　この四角い洋服が似合う子どもはどこにいるの？

母　いないわ

子　じゃあ、なぜ、こんなにたくさん
真っ白な四角い服をつくっているの？
私に似合う色と形の服が1枚あればいいのにな
それは私にしか似合わない服
その服が一番、好き

3　「社会に出たら困る」
――その社会は、いったいどの社会？

「みんなと同じことができないと社会に出たら、困ります」
　大人からよく聞く言葉。特に学校で。
「社会」とは、いったい「どの社会」なのだろう。

　動画をつくる、野菜をつくる、アニメをつくる、新聞記者になる、子育てをする。私たちは、それぞれの社会で、それぞれにちがった役割を日々果たしている。将来、子どもたちに求められる役割は多種多様で予想がつかない。

「社会に出たら困る」という根拠など、本当はどこにもない。
　子どもたちが生きていく「社会」とは、未来の社会であって、子どもたちが社会に出ていく頃、今ここにある「社会」は、未来には、なくなっている。子どもが社会に合わせるのではなく、子どもが社会を拓くのだ。それなのになぜ大人は実体のない今の社会に、未来を生きる子どもを合わせようとしてしまうのだろうか。

「社会に出たら困る」
　善意に満ち溢れたこの正義が、少数派の子どもをどれほど追い詰めてきたか、たぶん多くの大人は知らないだろう。

「全員、牛乳を飲む」というルール。
　牛乳を飲んで、気持ちが悪くなった経験がある子。アレルギーでもないのに牛乳を飲まないのは、ルール違反。ルールを守らないと社会に出たら困ります。それで、その子は、学校に行けなくなった。

「全員、牛乳を飲む」というルールは、学校生活を奪うほど大切なのだろうか。社会に出たら、大人もみんなランチに牛乳を飲んでいるのだろうか。

　右利き用のナイフしかない学校。左利きでも右利き用のナイフしか使えない。リンゴ皮むきテストのとき、左利きの生徒も右利き用ナイフしか使わせてもらえなかった。

「全員、右利き用のナイフで皮むきテストを受ける」というルールは、リンゴ一箱分の皮むきを、左利き用ナイフで誰より一生懸命に練習してきた彼の努力を、絶望へと一瞬ですり替えるに値するほど大切なルールなのだろうか？　彼のリンゴの皮は規定より厚すぎ、内申点は低くなり、希望の高校には行けなかった。左利き用のナイフを使うことを拒否されたときの怒りと悲しみを理解できるだろうか。

「全員、白い消しゴムを使う」ルール。黒い消しゴムが消しやすいから使いたくても、全員白い消しゴムを使う。消すのが遅いその子は、使いやすい黒い消しゴムを使うことができなく、ノートは力が入りすぎて破れてしまう。「全員、白い消しゴム」というルールは、誰のためのルールなのだろうか？

　多数派であることが、あたりまえ。少数派は多数派に合わせるのが、あたりまえ。

　それは誰のための正義なのだろうか。

　多数決をすれば、多数派が勝つルール。ルールの前提に潜んでいる多数派優位の考え方。

　その考え方と差別はどこがちがうだろうか。

多数派のつくったルールに追い詰められ、自分はみなと同じことができない、と自分を責める子ども。大人は良かれと思って考えた自分の狭い正義で、子どもを不幸にしていく。

その正義はもしかすると誰もが自分の中にある「少数派の要素がある自分」への不安ではないだろうか。

自分が左利きであっても、右利きに矯正した人。給食は嫌いなものがあっても、我慢して残さずに食べた人。使いやすい黒い消しゴムを使わずに白い消しゴムで消してきた人。みなと同じに合わせる努力をし、自分の本当の気持ちを我慢し、頑張り続けた。誰より頑張ってきたから、今があると信じている大人。その人が善意で子どもの心を傷つけていく。

本当は少数派の部分を抱えた自分が多数派とのちがいを努力で克服してきた。その努力こそが「今の自分」であると考えるならば、そんな自分を正当化してしまうのではないだろうか。「特別扱い」「わがまま」「甘やかし」「社会に出たら困る」という言葉で、小さな子どもの努力を無意識に傷つける。それは幼い頃、大人に同じセリフを言われ、辛かった頃の自分の頑張りを承認するための心の叫びではないだろうか。

人間は、自分が努力して乗り越えられたものほど、「あなたにも頑張ってほしい、できるはず」という思いが強くなる。

でも、主人公は頑張ってきた自分ではない。

そこにいるのは、傷ついている子ども。

保護者や先生が振りかざす自分の正義というナイフで、子どもを追い詰め、子どもの命まで奪ってはいけない。自分の脳の機能と子どもの脳の機能は、親子であっても、先生と生徒であっても、一人ひとり、ちがうのだから。

自分だけで正しいと思っている狭い正義が、目の前にいる傷ついた子どもの心に迫るとき、通用するはずもない。

社会に出たら
きっと困るわ
特別扱いじゃない?
社会に出たらこまるわ
あなたのためだから
わがままでしょ!
大人になったら
ねえ
わがままよ
あまやかしちゃ
ダメよね

子　ねえ、社会って何？　わからない

親　これでは社会に出て困るでしょう？

子　なぜ、大人は子どもを社会に
出られなくなるまで追い詰めていくの？

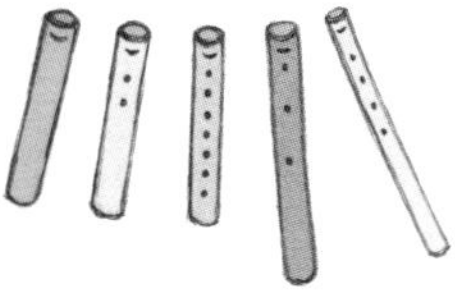

4　同じ笛はあたりまえ、なのはなぜ？

ドイツの小学校で見た縦笛。この縦笛は手づくりで、笛だから穴が開いている。だが、よく見ると、一本一本穴の数がちがう。ある笛は一つも穴がない。ある笛には、たくさん穴が開いている。どうして一人ひとり、穴の数がちがうのだろう？

それは、すべての子どもが音楽を楽しむため。

日本では、学校で使う笛は、穴の数が同じである。同じ笛を吹く。それがあたりまえだ。
ドイツで、笛の穴の数が子どもによってちがうのは、誰もが音楽を楽しむため。
では、子どもが同じ穴の数の笛を吹くのがあたりまえなのは、誰のため？

ドイツのこの小学校では、穴の数が一人ひとりちがう。穴の数は本人と親と先生と相談して決める。習いはじめは、穴を開けない。だから、音やリズムが楽しめる。穴がないと笛は音が出やすい。

少しうまくなったら、穴を一つ増やす。もう少しうまくなったら、もう一つ増やす。こんな風にして、穴の数を決めながら、一人ひとりオーダーメイドで自分だけの笛をつくっていく。子どもの希望に合わせてつくられた一人ひとりちがう笛で、音楽を楽しむ。

よく考えてみると、全員が同じ笛を使うというのは、子どもが笛に合わせている、ということだ。もう一度考えてみよう。なぜ子どもが笛に合わせるのだろうか。そもそも、なぜ好みも機能もちがう子どもが、全員、同じ笛である必要があるのだろうか？

本当の笛は、自然の素材からつくられ、一本ずつちがっている。

音に対する感受性、指の動きの巧緻性、楽譜を読むための認知機能。それぞれ機能が異なる子どもなのに、なぜいつのまにか、同じ笛を吹くことがあたりまえになったのだろう？

もしかして、同じ笛だと先生が教えやすいから？　それとも大量生産は安いから？

すべての子どもが同じ笛を使うことは、一見、公平に見える。でも、ひょっとしたら、大人の都合なのかもしれない。ちがう機能の子どもが同じ笛を使うことを一律に強要されることと引き換えに、大人は同じがあたりまえという簡単な正義を手にすることができる。

手間暇をかけても、一人ひとり穴の数が異なる笛を大切に使うことは、すべての子どもにとって、音楽がいかに大切な友達であるかを教えてくれる。

ある国のある幼稚園の発表会は、上手でない子どもの鍵盤ハーモニカは、密かに音が出ないようにテープでふさいでおく。

フィンランドの中学の音楽の授業。ある授業で、生徒は全員リードボーカル。
それは本人の希望を尊重するからだ。自分のやりたいパートを選ぶ。楽器の数に合わせて、子どもを振り分けるのが先生の仕事ではなく、すべての子どもがなるべく希望の楽器を楽しめるように工夫するのが先生の仕事。

希望者のいない、演奏者のいない他のパートはどうしたらいいの？　私は聞いてみた。

「それは先生が弾いてくれるんだよ、みんな音楽の時間が大好きなんだ」

生徒の一人が教えてくれた。

次のクラス。今度は全員リードギターだった。他のパートは誰もいない。

それぞれスポットを浴びて、なりきって、弾いている。とても楽しそうだ。

音楽は、心を豊かにする友達。

それより大切なことなど最初から、存在しない。

私の笛は穴がないの
どうして？
私はリズム担当なの
たくさん穴の開いている、あなたの笛で
メロディーをお願いね

5　「特別扱いしない」という差別

食べるとき、みんなと食べるのは、落ち着かなくて食べられないから、一人の部屋で食べたいという子がいた。

みんなと食べるのは辛い、という子は感覚が繊細だ。人に見られると緊張する。自分のペースで食べたい、と言う。そこで一人だけ、別室で食べた。そうしたら、ある子が「あの子だけ、ずるい」と言った。

特別扱いは、ずるい。

なるほど。みんな一緒に食べているのにあなただけ特別扱いすることはできない、と先生はその子に言った。次の日から、その子だけ食べることができなくなった。

もし、この子はずるくない、と考えるのであれば、ずるい！と連呼している子どもに、どんな説明ができるだろう。

多数派の言っていることは、おかしい、と思っても、説明できない自分がいる。

縄跳びが 10 回しか跳べない子がいる。頑張っても、DCD* で機能的に 10 回しか跳べない。全校クラス対抗大縄跳び大会の結果は貼り出される。この子がいるクラスは 10 回しか跳べない。だから全校で最下位だ。この子のせいでクラスが最下位になる。

大縄跳び大会は誰のためにあるのだろう。

クラス対抗で一番弱い子を傷つける結果を貼りだして苦しめるためなのだろうか。

この子は真面目な頑張り屋だ。

だから、毎日休み時間も暑い日も、その子は練習した。

最下位になるのは自分のせいだ。掲示板に自分の跳べた回数と同じ回数がクラスの結果となり、貼り出される。だから、泣きながら、夏休みだって頑張った。

それでも 11 回しか跳べなかった。

体育祭を休みたいと言った。大縄跳びは体育祭の華だ。

自分が休めば、クラスは全校で一番多い回数を跳ぶことができ、優勝できる。

私がいれば、クラスは最下位になる。

体育祭の日、その子は、学校を休んだ。

クラスは優勝し、大喜びをした。

次の日、その子は学校に来なかった。

その次の日も、来なかった。

もし、自分が、その子だったら。

もし、自分が、先生だったら。

もし、自分が、親だったら。

どんな説明が、それぞれの正義なのだろうか。

どうすれば、よかったのだろうか。

できないことを人前で、際立たせ、その子にだけ、人一倍の努力と練習を求めること。

みんなで頑張ろう！　みんなでやろう！　言葉の陰には、一人の子どもの絶望があること。

できない子を仲間はずれにして、その子に悲しい思いをさせること。

誰よりも頑張ってきたその子が、努力しなくてできる誰かに見下され、笑われること。

多数派優位のルールをあたりまえ、として正当化すること。

少数派の子どもへの思いやりや配慮を多数派に説明できないこと。

自分が少数派になったときの苦しい気持ちを想像できないこと。

その子を特別扱いしないことは、差別である。

*DCD…発達性協調運動障害

右と左を合わせて一つの動きをする協調運動のぎこちなさがあり、縄跳び、スキップ、方向転換などが苦手。字が汚い、転びやすい、着替えが遅いなどを努力不足と誤解されることがある。

my Rule
Tea
CHOCO
くつ
ジャ〜ン
すてきね!!
今日は自分で考えたルールで
やってみよう
いろんなやりかたがあるね
自分で選べるの？
これなら私も楽しめそう
いつも勝つ人が決めたルールで、
やらなくても、いいの？

6　「甘やかすな」という虐待

その子は母親が病気だった。ずっと自分が頑張っていれば、治ると信じていた。実際、その子は、いい子にしていればおかあさんはきっと治るよ、そう言われて、頑張っていた。その子が10歳のとき、母親はなくなった。

あるとき、クラスの子が悪口を言った。彼は耐えきれず、持っていた習字の時間に使うぶんちんを振り回した。

なんてわるい子。こんな危ないものを振り回すなんて。先生は激しく叱った。その日から、無差別にぶんちんを振り回すようになった。

地域の人が学校にボランティアに来ていた。彼はその人になついて、後をついて歩くようになった。ときどき、教室にいるより、その人といたいと感じるようになった。教室からしばしば出るようになったが、ぶんちんは振り回さなくなった。

ある人が言った。あのボランティアさんが来てから、あの子、自分勝手になったよね。あれ、甘やかしじゃない？　社会に出たら困るよね。

ボランティアさんは、傷つき、やめていった。

親から愛情を注がれず、安心感が得られない子どもが、母親のように優しくしてくれる誰かに心をひらき、心の回復を図ろうとする。

そのたび、不思議なことに、甘やかすな！と言う人が現れる。

子どもがやっと見つけた優しい人から、子どもを引き離そうとすることに一生懸命だ。

さみしい大人の無意識の嫉妬なのかもしれない。

人は心のどこかで、自分を受容してくれる優しい人を求めている。その人がいるからこそ、辛いことや困難なことも乗り越えられる。

深い悲しみを抱えた子どもの気持ちを受け止められるのは、共感と優しさ。

愛情を必要としている子どもに「甘やかすな」というのは「虐待」である。

あの子は誰を待っているの？
毎日、下駄箱のところで、誰かを待っている
遠い目をして、じっと誰かを待っている

7　自然の中で遊ぶことは人生のすべて

少し昔。学校から帰るとランドセルを置いて、野山に遊びに行った。虫を捕まえ、穴を掘り、基地をつくり、石蹴りをした。駄菓子屋さんのおばあちゃんとおしゃべりをして、くじ付きお菓子を買った。次の駄菓子屋さんでは、くじが当たるともう一個ガムがもらえた。神社の境内で、はないちもんめ。

宝物を隠してある場所に石蹴りの石を隠した。角の金木犀の香りのする家からはおばあちゃんの三味線の音が聞こえてくる。八百屋さんのリヤカーを引かせてもらい、魚屋さんの御用聞きを一緒に手伝った。

学校の帰りには学校前の小さな文房具屋に行く。リリアンの色やタコ糸やマスクの袋は下から見上げると、キラキラ光って幻想的だ。ハトに給食のパンの残りをばら撒く。友達の家でおやつを食べ、ザリガニを捕える。沼に小さな子が落っこちて泣いている。缶蹴り、ベイゴマ、メンコ、ゴムとびをして機嫌をなおす。

屋根に上って、伝って、柿を取って、桑の実を見つけて、トンボを追いかける。春にはおたまじゃくしを手ですくって、よもぎを摘んで、草もちをつくった。おばあちゃんが縁側でお手玉を見せてくれた。一緒におはじきで遊ぶ。おばあちゃんが上手で、すごいね！と言ったら、嬉しそうに笑ってくれて、大福をもらった。

シーソー、ブランコ、鉄棒。ぶらぶら揺れて、グルグル回って、蹴って、掘って、跳び下りる。どこで誰と遊ぶか、ワクワクすることを考えている毎日。

わずかなスペースと仲間がいれば、夕陽が落ちるまで時間を気にせず遊び続けた。

私たちの祖先はどんなにモノがなくても、子どもと遊びの環境を守ってくれた。小さな空き地があれば、ブランコをつくってくれた。タイヤを並べ、砂場をつくってくれた。野山を歩き、木の実を見つけ、夕陽が落ちるのを一緒に見つめた。昭和の頃、あたりまえにあった、あの懐かしくて、あたたかい日常の風景はどこへ行ってしまったんだろう。

子どもたちをコンクリートの箱の中に閉じ込めると、苦しがって暴れるのです。だから子どもを自然に帰しました。自然の中では、わるい子は、一人もいません。

スウェーデンの保育園の園長が凛として言った。子どもは大自然。子どもは自然の中で発達する。環境を守ることが子どもの幸せを守ること。それが本当の大人の役目だった。

商店街、街角、校庭、公園、お寺や神社、海や山。少しずつ子どもたちは消えていった。

心が豊かな大人の住む国は、駅前の一等地に子どものための自然豊かな公園がある。その周囲では地域の人々が子どもを見守っている。あちこちに多世代の交流できる遊び場をつくる。それは非常時には人々を守る地域の安全基地でもある。

流れる雲もトンボを追いかける姿も、それを見つめる大人の穏やかな姿も消えつつある。

子どもの笑顔が消えた国は、大人の笑顔も子どもの笑い声も消えていく。

子どもを大切にしなければ、子どもは生まれない。

子どもを育てている人を大切にしなければ、子どもは生まれない。

大人の都合優先主義のコミュニティは、少しずつ消失していく。

子どもがいなくなれば、何億年も引き継がれてきた生命の遺伝子の物語は終わる。

そこには、何も残らない。

子どもに必要なのは、いつも変わらず、待っていてくれる人と場所。

大人に必要なのも、同じ。いつも変わらず私を迎えてくれる、あたたかな仲間と優しさ。

子　大人になると、子どもの頃のことは忘れてしまうの？

母　そう、どこかに忘れてきてしまうの

おじいちゃんやおばあちゃんが教えてくれたもの

それは、目には見えない大切なものだったのに……

8　本当の理由

あるとき、大人が言った。「最近、子どもの体力が落ちています」「特にボール投げの成績がひどいものです」「さっそく、休み時間に取り組みます」

子どもたちがボール投げできる公園も校庭も原っぱも、ここには、ない。

あるとき、大人が言った。「いじめはダメ！　絶対ダメ！」
いじめを止められないのは、なぜだろう？

話を聞いてくれる人。ここにいていいよと言ってくれる人は、ここに、いない。

大人は、本当の理由をわかっているのかもしれない。だからこそ、知らないふりをしているのだろうか。

子どもに手間暇をかけることができない。
ボール投げするには、ボール投げが安全にできる公園や場所が必要。その安全管理には、多世代の見守りや理解が必要。

子どもたちが本当に求めているのは、あたたかな目で見守ってもらうこと。一日の楽しかった話や困ったときの話を聞いてもらうこと。一緒に遊んだり、ごはんを食べたり、笑ったりすること。自然の中で、共に感じ、共に歌い、あたたかな人の中で安心してあたりまえの日々を過ごすこと。

高齢になった頃、未来の私たちは今、子どもが願っていることと同じことを求めるだろう。

すべての大人はそんなに忙しいのだろうか。

子どもを見守ることが楽しみという大人は地域にいないのだろうか。

さみしい大人と子どもが出会える場所があったなら。

子どものいない場所に、未来の自分の居場所はない。そこにあるのは世代ごとに分断された安全という鍵のかかる小さなコンクリートの冷たい部屋。

外の飾りを剝せば中身は同じ。何もない完璧な場所。

そこには、もう誰もいない。

あっちに、たくさんの人がいるよ
赤ちゃん、小学生、中学生、おかあさん、
おばあちゃん、おじいちゃん
なんだか懐かしい、金木犀の香りがする

9　なぜ教室に入れない？

教室を見ると震えが止まらなくなる。吐き気がする。頭が痛くなる。お腹が痛くなる。

でも誰にも言えない。

学びたい。友達に会いたい。でも、教室に入れない。学校に行きたいのに行けない。

だから毎日、とても苦しい。

それでも、知らない人は学校に行かない子をわるいと言う。

教室に入りたいのに、入れない孤独、葛藤、罪悪感。感受性が豊かで繊細なだけで、どうして、こんなにも苦しまなければならないのだろうか。

教室に入れなくなる子は必ずと言っていいほど、人一倍、真面目で、感受性が豊かで、思考力が深い。

教室の中に渦巻く目に見えない雰囲気。

排斥、無視、嫉妬、支配、暴力、ウソ、抑圧、競争、ストレス、いじめ。

気がつかない子もいる。

気がつかないふりをできる子もいる。

無視できる子もいる。

被害者にならないために加害者になろうとする子もいる。

でも、誰より敏感で、傷つきやすく、優しい子は人を傷つけることはしない。
純粋な子はウソをつかない。

教室の風、窓、光、音、匂い、位置、色、食感、くすぐったさ、嫌な感じ。
感じやすい子が感じない人に、それを言葉で説明することなどできない。

言葉にできないもの。目に見えない大切なもの。
繊細な子は感じてしまう。
目には見えない教室に渦巻く重苦しいもの。
感じる力のある子は感じてしまうから学校に行けない。

こうでもしなきゃ
学校 行けないんだ
へんし〜ん
何も感じない
モードに
心なくし
いってきます
た、たいへん

母　学校に行けないのはなぜ？
　　わがまま？　自分勝手？

子　学校って、何も感じない人が行けるところなんだ

10 自分を幸せにする

母親は、優しく、穏やかで、働き者。家族のために犠牲になること、自分の幸せより、子どものこと、家族のことを考えて、尽くすこと。それはずっと大切にされてきた日本のあたりまえの母親像。時代は流れているのに母親から母親へと無意識にきちんと継承されている。

優しい良き母親になりたい。きっと母親なら、誰もがそう思っている。

ただ、自分の理想と現実はいつもちがっている。

心のどこかで、自分をダメだと思っている。
心のどこかで、自分の幸せを考えてはいけないと思っている。
心のどこかで、自分を犠牲にしないと、誰かを幸せにできないと思っている。

私たちの生まれ育った文化の中で無意識に繰り返される自分を不幸にする呪文。

それは本当に自分や家族や人々を幸せにする考え方だったのだろうか？

ダメでも、ここにいるだけで価値がある。
自分が幸せにならないと、子どもを幸せにできない。
自分が大切にされて、はじめて誰かを大切にすることができる。

自分の周りに優しい人がいること。

自分のありのままを受けとめてもらえる人がいること。

一人で子育てできる人など、最初からいない。人間なのだから、どんなすごい母親だって、どんな立派な母親だって、一人で子育てはできない。

人間の母親は最初から一人だと不安になるようにできている。

だから安心して、群れをつくろう。あたたかな群れを。そして自分を支えてもらおう。

安心して自分が幸せになるために誰かに支えてもらおう。

さみしくない？　子育てしていると、
なぜ、こんなにさみしいの

さみしくなるから、みんなで子育てしたく
なるように、母親はできているの

11　切り出された場面への意味づけ

相手の気持ち、自分の気持ち。自分の脳が見ている世界を相手の脳が同じように見ているとは限らない。だから相手と同じものを見ても、同じように感じている、とは限らない。相手の脳が見て、理解していることは、自分とはちがっている。人の脳の機能も身体の機能も一人ひとりちがっている。あたりまえのことなのに、なぜか忘れてしまう。

ある子どもが隣の子のおもちゃを取った。

「おもちゃを取った」、この場面だけ、大人が見たら、どうなるのだろう。

「取った」――それはわるいこと？　それともよいこと？

「取った」――それは好ましくない行動？　それとも？

解釈は大人の思い込みにより、分かれる。

隣の子が先に弟のおもちゃを取ったので、取り返した。

取った方がわるいという先入観があれば、その前のストーリーは想像できない。

弟が先におもちゃを取られた、だから、取り返しただけ。

でも、大人は、弟がおもちゃを取られた場面を見ていない。

判断する人がずっと子どもの傍にいるわけではない。

自分の見た部分は一場面。

自分の解釈や判断がちがっていることもある。

大人は子どもの場面や行動を見ただけで善悪がわかるほど万能なのだろうか？

一つの場面には、その前から始まっている情緒的なストーリーがある。

自分が見たのは、ストーリーから切り離された「ある一場面」だけ。

それは映画やテレビドラマの、ある場面の静止画。その前のストーリーを見ていなければ、その場面の意味はわからない。

だから、「切り出された場面」で善悪を決めてしまうのは、やめよう。

ある切り出された場面だけで、善悪の意味づけができるほど、誰しも賢くない。

ある切り出された場面だけで、物事の善悪がわかるほど　すべての物事は単純ではない。

ある切り出された場面だけで、人間の気持ちがわかるほど、誰しも万能ではない。

だからこそ「切り出された場面」の背景にある、人の気持ちを丁寧に想像することが大切。

Ah~
I Love to Sing!
la
la
la~
lu-
lu-
lu-
上手に
うたったら
あめ あげるわ

母　歌ったら、このあめあげる

子　私は歌いたいだけ

なのに、なぜ、あめをくれるの？

12 小さな子

ある有名な学校でずっと育って、同じ学校の人と結婚して、何不自由なく幸せに暮らしていた。幼い頃からたくさん友達がいた。念願の子どもを授かった。とても小さな子だった。大切な我が子だった。でも、あるとき、ひそひそと囁き声が聞こえた。

あの子小さい。うちはあんな風にならないように、大きく育てるわ。

小さくても、そのままで充分、そう思っていた。でも、だんだん友達が離れ始めた。誰にも誘われなくなった。気がつけば、ひとりぼっち。

友達だと思っていた人は、本当の友達ではなかった。そのことが悲しかった。

「友達がほしいな」小さな我が子の屈託のない笑顔を見て、胸がキュンと痛んだ。

他人の価値観に振り回され、傷ついていく自分。そんな自分が何より嫌だった。

子育てしていると、こんなこともある。

小さいことはダメじゃない。少数派であることもダメじゃない。わかっている。でも傷つく。

周りには、そのままが素敵だねって、声をかけてくれる人はいる。大きくても、小さくても、ただ見かけに振り回されて生きるなんて、愚かしいことだ。傷ついている自分は、ちっぽけな価値観に依存し、自分の中の大切な軸を持たない、自信のない自分の弱さそのもの。

自分が苦しいとき、近くにいてくれた人。一緒に心配してくれた人。見守ってくれた人が私にとって大切な人。今、離れていく人は、ウソの価値観に支配されていた時代の人。

自分にとって必要のない人の背中を見て、自分が落ち込む必要などない。

小さな子が私と出会わせてくれる人。

私が信じてきた狭い価値観。

なぜ小さな子を私は授かったのだろうか？

自分を不幸にする、ちっぽけな価値観は捨ててしまおう。

気がつけば、今私にとって本当に大切な人に囲まれている。

子　ママ、なぜ泣いているの？
母　あなたが小さいから
子　私は、このままの自分が好き
ママはなぜ泣いているの？

13　自分の具合がわるいとき

自分は病気にならないのだろうか？
本当は誰より疲れ、傷ついているのではないだろうか？
本当に大変なとき、誰が助けてくれるのだろう？

倒れそうなとき、ふとそう思う。
自分を労わってくれる人が近くにいる人は幸せ。
現実は、自分の周りに、世話をしてほしい人ばかりがいる。

こんなにヘトヘトなのに誰も助けてくれない。

人にはそれぞれ「――すべき」正義がある。

母親は自分のことより子どものこと、家族のことを考えるのがあたりまえ。
自分の具合が悪くても、休めないのはあたりまえ。
過労で倒れたとしても、自分の面倒など見てはもらえないのはあたりまえ。
寝込むほどでなければ家族の世話をするのはあたりまえ。

自分の具合がわるいとき。
誰より疲れているのは私だって、本当は叫びたい。

疲れていない人ほど、どうでもいいことを要求してくる。

母親たるもの、こうあるべき、という正義を振りかざしてくる。

自分の好きな時間に寝て、起きて。
自分の好きな時間にゆっくり食事をして、お風呂に入って。
自分の好きなところに出かけて、考え事をして。
そんなあたりまえのことができない母親としてのあたりまえ。

心の中で泣いていても、心の中で叫んでいても
幸せなふりをすることだけは上手になる。
私の具合がわるいとき、助けてくれる人が近くにいること。
それは家族でなくても親戚でなくてもよい。
子育てするとき、一番大切なこと。
それは自分が安心できる人に守られていること。

子　おかあさんが倒れたら、どうなるの？

母　倒れないから、大丈夫

子　助けてくれる人を探すよ
　　おかあさん傷だらけ

HELP!
つかれた
休みたい
大丈夫じゃない
つらい

14　頑張る、我慢する、人に優しく

「頑張る、我慢する、人に優しく」――この学級の標語。

クラスの学級経営の評価は高い。みな同じ行動ができ、同じように学んでいる。確かにそのように見える。

しかし、よく見ると、子どもの表情は凍っている。

子どもは笑っていない。先生も笑っていない。そこにあるのはストレスと緊張。

頑張ると先生に褒められる。頑張らないと無視される。

我慢すると先生に褒められる。我慢できないと無視される。

子どもは大人に認められたい。だから一生懸命、背筋を伸ばし、漢字の練習をする。廊下を歩くときも、二列に並び、静かに移動する。給食中は話さない、時間までにすべて完食する。学校が終わったら、塾に行く。順位をつけられ、クラスが上がったり、下がったりする。勉強も生活もすべて大人の思うように行動するとご褒美がもらえる。

頑張り続けて、我慢し続けて、評価される毎日。さて、それで、本当に人に優しくできるのだろうか。

自分の心のコップが満たされて、初めて安心して、自分を大切にできる。

そのコップから、優しさと思いやりが自然に溢れてくる。

心のコップに穴の空いている子どもたちのさみしい冷たい目。

時は流れ、先生も親も年を経て、いつの日か立場は入れ替わり、今強い立場の人もやがては高齢になって弱い立場になる。

そのとき、同じことを子どもにされて、私たちは幸せになれるだろうか。

そのとき、私たちは、頑張り続け、我慢し続けることができるのだろうか。

私たちは自分が何も言えない立場になったとき、その意味がわかる。

だいじょうぶよ
がんばったね
おばあちゃん
だいじょうぶだよ

子　時が流れ
　　ボクが言われたこと

母　今は息子に
　　言われるようになったのね……

15 同じこと、ちがうこと

私たちは、なぜこんなに「人とちがう」と不安を感じるのだろうか？

これは本能？　それとも文化？　それとも教育？

発達検査がある。これは集団の平均値と個人の比べっこである。でも、比べっこしている集団について、考えたことがあるだろうか？　比べているのは、日本人の同性の同年齢の集団なのである。世界中の様々な人々の中のなんて狭くて小さな集団との比べっこなのだろう。

はじめて担任した子どもを17歳で見送った。人の生きる長さはそれぞれちがう。人の生きる長さはちがっても、与えられた長さの中で深く豊かに生きる人生もある。

脳の機能は一人ひとりちがうのに「同じ年齢で同じことができるように」という基準は誰のためにあるのだろう？

異年齢で学ぶ国もあるし、多様性を尊重した様々な学びのデザインの工夫がある国もある。それらの国に共通しているのは、一人ひとりの子どものちがいを尊重し、一人ひとりに手間暇をかけているということ。

競争社会の中で、いかに効率的に管理するか、というロボットモデルを子どもの教育に持ち込んではいないだろうか？

「同じでないと不安」ロボットモデルは人間のつくったもの。人工は同じものがよくてちがうものはダメとされる。子どもは自然で人の手ではつくれない。誰一人同じ人などいない。

それなのに、「同じでないと不安」という呪いが心に深く刻まれている。

人工のロボットが次々出てくる時代。それでも自然の複雑さは人間の手ではつくることができない。唯一無二の自分にしか、できないこと。それを見つけることが大切。人とちがうことこそ、最も価値がある。

母　この部屋にあるものは人間のつくった
素晴らしいものばかりね

子　ぼくは人間の手ではつくれない大自然
大自然は一つ一つちがっているから、素晴らしいね

真っ白な国の子どもたち

真っ白な国では

子どもたちは　みんな真っ白で生まれたことになっている

自分の本当の色を知られてはいけない

みんなより目立たないこと

みんなよりでき過ぎないこと

みんなより遅れないこと

真っ白のふりをする練習を繰り返す

頑張っていても　頑張らないふり

わかっていても　わからないふり

わからなくても　わかるふり

ふと自分は真っ白ではない　と気がつく

不安になって　本当の自分を閉じ込め

息を潜めて生きる

った子どもは
ことがない
ることもない

先生の考えた答えを

当てられるように

頑張り続ける

大人の望むようにみなと同じ行動が

褒められる

真っ白な国の

子どもたちは

しかし大人は

辛くても　辛

楽しくなくて

いじめられて

子どもたちは　傷つけあい

自らの命を絶っていく

やがて子どもたちは

学校に行かなくなり

この国では　子どもたちが

子どもたちは自然から切り離され
小さい部屋に閉じ込められ
静かに過ごす訓練と我慢を繰り返し
それを見て大人は安心する

自然の中で
生きられなくなった子どもは
自然に感動することがない
自然を大切にすることもない

この国の学校では
時間に遅れないこと
まちがえないこと
まっすぐ並ぶこと
腕を後ろに組み
動かない練習を繰り返す
いつも緊張し
同じ椅子に同じ向きに座り
同じ角度でお辞儀をして
同じ笛を吹き
同じ問題を解き

先生の考えた答えを

当てられるように

頑張り続ける

大人の望むようにみなと同じ行動ができたら

褒められる

真っ白な国の子どもの目は冷たくさみしい

子どもたちは　何かを訴えている

しかし大人は　読みとることができない

辛くても　辛くないふり

楽しくなくても　楽しいふり

いじめられていても　気がつかないふり

子どもたちは　傷つけあい

自らの命を絶っていく

やがて子どもたちは

学校に行かなくなり

この国では　子どもたちが　生まれなくなった

虹色な国の子どもたち

虹色な国では

自分が誰ともちがうこと

それぞれちがう色で生まれてくると知っている

自分の色が尊重され

自分らしくあるように

誰ともちがう色を大切にする

自分に合った学び方

自分らしい生き方

それぞれちがうのだからこそ

それぞれ助け合うのだと

勇気づけ　見守る

子どもたちは

自然の中で思い切り遊ぶ

山や海で

自分の考えたやり方で

仲間と過ごし　考えて遊ぶ

失敗しても

誰かが手をつなぎ

また立ち直り

自分で大切なものを見つけ

それを遠くから見守っている人がいる

太陽を追いかけ

動物や植物や虫や花や風や太陽とともに

自分は何のために生まれてきたのか

自分の役割を見つけながら生きる

学校には

子どもを守っている人がたくさんいて

あたたかな友達と

今日も一日　愉快に過ごす

雨上がりの野原の先の

灰色な空に

突然おおきな虹がかかり

今日一日

あまりに楽しくて

虹のように消えていくこの瞬間が

もったいなくて

おーい　そこまでいくから　待っててと

一生懸命　おいかけていく

子どもたちの

その姿が　ほほえましく

命の輝きに

私は

明日　生きる勇気を与えられる

しろい　光を

水滴のプリズムに

とおしてみたら

自分の本当の色

虹色が見える

誰の色ともちがう

私だけの色

大切に生きていく

第Ⅱ章

自分を理解する

自分を理解することは、本当は一番難しい。自分の脳の機能と子どもの脳の機能はもちろんちがう。遺伝子もちがう。自分のことについてわかるようになると、不思議と子どもの気持ちがわかるようになる。自分を理解することは、子どもを幸せにする最も近道になる。

1

私の生まれ育ったところ

人には様々なちがいがあるが、それぞれの家庭の事情もちがう。

特に人間関係は複雑で同じ状態にあるわけではない。

もし、家族がみな優しく、人間関係がきわめて良好であれば、幸せだ。

家族があなたを大切にしてくれ、いつも気にかけてくれて、優しく愛情溢れているのなら。何より子どもが愛され、家族からも大切にされているのであればその人の心の状態は意識しなくても安定していることだろう。

家庭の中の悩みはあまり話すことはない。

もし自分が今置かれている家庭の状況や複雑な心情について、不安や心配に思っていたとしても、本当のことは、誰にも話すことが難しい。

夫が信頼できない。束縛してくる。子どもに無関心……。

家族の中にもし何か傷ついた人間関係があったとしても、幸せそうな人にそんなこと、いつ話せるというのだろうか。

もし、周りが幸せそうな人ばかりで、誰もわかってくれそうになく、誰も助けてくれる人がいなかったら、それだけで不安な状態だ。

自分の生まれた家や家族のことをちょっと遠くから離れてみて、自分の状況を理解してみることは、自分のことを読み解く鍵になる。

生まれ育った家庭について、考えてみよう。

1　自分の最初の記憶

自分の最も古い記憶とはどんなものだろう？　あたたかなものだろうか。冷たいものだろうか。子どもだった頃の自分には、よくわからない。その背景にある家庭内の人間関係や複雑な経済状況など、幼い頃の自分がわかるはずもない。でも私たちの脳のどこかに、子どもの頃体験した記憶が眠っている。

母親から離れ、迷子になった、その瞬間の不安。祖母に会いにいく前の母の嬉しそうな後ろ姿。妹が生まれた日のザワザワした家。その感情は断片的だが、懐かしい匂いや景色など、何かの瞬間に不思議に感情だけがよみがえることがある。

私たちは一人ひとり育てられた家族がちがう。父親母親兄弟姉妹。親戚や家族構成。育った地域や家族の事情や状況もちがう。生まれ育った家庭が同じであったとしても、そのときの事情や両親の気持ちなど、自分の置かれた立場で異なる。考えてみれば、子どもだった頃の自分に家庭の複雑な事情などわかるはずがない。知らないまま生きていることの方が自然だろう。

たまたま両親の仲がわるい。その緊張関係の中に生まれてくる赤ちゃん。母親は無意識に父親への憎しみを、ただ父親に似ているというだけの何の罪も関係もないはずの赤ちゃんにぶつける。もし、父親に似ているというだけで、「わるい子」として育てられたとしたら、自分が大切にされない「本当の理由」をその子が知るはずがない。

ある家庭は家族の仲がよく、あたたかい。

ある家族は仲がわるく、緊張と暴力の中にある。

子どもは親を選んで生まれてくるわけではないし、家族を選ぶこともできない。

恵まれた家庭で育った人は自分がよい子だから、その家族に選ばれたわけではない。恵まれない家庭で育った人は自分がわるい子だから、その家庭で辛い目にあったわけでもない。そんなことくらい知っている。どんな家庭に生まれ育つかは、子どもにとっては単なる偶然、父母を選べるはずもない。現実は不公平だ。

大人になってから、自分の生まれ育った家庭を客観的に見つめられるということは自分の親を一人の人間として見つめてみるということ。自分の親の子どもの頃の状況を考えてみることは、ときに自分を知るために役立つ。なぜなら、不思議に思う自分の感情や行動の多くは、自分の生まれ育った環境に由来することを理解できるようになるから。

自分の子どもの頃の記憶、感情ははっきりしない。

それなのに自分が親になると自分の子どもの頃の感情は無意識によみがえる。

子どもをかわいいと思えること。

子どもをかわいくないと思うこと。

この自然の感情はどこから湧いてくるのだろうか？

自分が赤ちゃんだった頃の家庭という環境に由来している。

ある人は一人っ子で、大切に育てられ、家庭の中で争った経験がない。ある人は兄弟姉妹の末っ子で、いつも争いながら、要領よく周囲のご機嫌をとらないと生きていけない。生まれながら兄弟姉妹の順序や性別、生まれ育った家庭の価値観によって、自分の環境は左右される。自分で選択できるわけではないのに、子どもは、それぞれ与えられた環境の中でいつも必死に生きている。

誰もが子どもの頃から様々な役割を与えられ、その環境の中に置かれ、周囲の大人に大切にされなくては生きてはいけない小さな存在。

だから子どもは生きるために、大人に愛されるために、いつだって一生懸命だ。

子どもを幸せにするための鍵は、自分の幼い頃の記憶の中に隠されている。

子　おかあさん、私はなぜ青空を見ると悲しくなるの？

母　あなたが赤ちゃんの頃、青空は悲しいねって、
よく呟いていた……

子　青空を見ると悲しくなるのは、おかあさんだったのか……

2　愛着という不思議な宝

自分の家庭環境を振り返ることが辛く感じられる人がいたら、それは決してその人のせいではない。自分の親との関係性に傷つきがある。問題は人ではなく関係性にある。

外から見たら、両親、弟がいる４人家族で、フツウの家族。

でも、その子はいつもひとりぼっちだった。母親は父親と別れ、新しい父親が来て、そして弟が生まれた。今の父親は本当の父親ではない。母親に甘えたいと思っても、いない方がよい存在のその子の居場所はどこにもなかった。

その子は不安で、誰かに思い切り甘えたかった。一度でいいから、母親に抱きしめられたい、と願っていた。しかし、そのささやかな願いが叶うことは一度もなかった。母親の手には、いつも小さな弟の手があった。

その子は何も感じないようにして生きていた。

その子は母親になった。ずっと泣いている子。なぜ泣いているのかわからない。睡眠不足でいつも疲れている自分。ずっとイライラしていた。

あなたなんて、産まなければよかった。

子どもの凍り付いた瞳を見て、ハッとする。

こんなに頑張っているのに、私が伝えたいことは、こんなことではないのに。
なぜこんな残酷なことを言ってしまうのだろうか。

幸せになれない言葉を吐き出すのはやめよう。
一人で子育てできる母親なんて、誰もいない。

あなたを優しく包んでくれる人は大人になったら、自分の母親でなくてもいいのだから。
その誰かにたくさん出会うことに一生懸命になろう。
子どもの心のコップに愛情を注げる自分であるように。

子　おかあさんって、
抱っこされたことある？
母　……
子　ぼくが、おかあさんを
抱っこしてあげる

2

自分を理解する

子どもが一人ひとりちがうように、親だってみんなちがっている。大人だって、生まれ育った家庭環境もちがう。もちろん脳の機能も一人ひとりちがう。色に譬えたら、みんな真っ白ではなく誰もが虹色の豊かな色彩。虹は通常見えないが、水滴のプリズムを通すと見える本当の色。それはときによって微妙に色の組み合わせが異なり、濃くも薄くも見える。最初から様々な色の組み合わせ、それぞれちがう虹色な自分。誰ともちがう虹色だからこそ、自分だけの色を大切にできる。

今の自分はどの虹色だろう。

さみしく甘えん坊のパープル（P64）、ゆったりのんびりが好きなブルー（P66）、一人が好きなアクア（P68）、敏感で完璧主義なグリーン（P70）、おっちょこちょいのオレンジ（P72）、動きたがりのイエロー（P74）、頑張り屋のレッド（P76）、それぞれの虹色が濃かったり薄かったり、組み合わさったりして、たった一人の自分になる。

虹は環境によって、見え方がちがう。私たちも置かれた環境によって、自分がちがう虹色に見える。どの色ももともと自分の中にある。環境によって、同じ色でも素敵な色に思えたり、悲しい色に思えたりする。

親が自分の特性、自分の中の虹色はどの色が濃いのか、知っていることは子育ての助けになる。子どもだって兄弟姉妹遺伝子の組み合わせがちがうのだから、一人ひとり特性がちがう。親子の虹色の組み合わせも様々。

3　虹色ジグソウパズルのピース

もし自分が真っ白な真四角のタイルではなく、誰の形とも異なる虹色のジグソウパズルのピースであると知っていたなら、真っ白な四角になる練習をするだろうか。もし真っ白な真四角のタイルのように並ぶことが正しいなら、誰もがもともと、正しくない。

もともと私たちはちがう形に生まれているのに、なぜ同じ形になろうとして、努力を繰り返し、なぜ、これほど自分のよいところを削り、ダメなところを努力と繰り返し練習で克服しようと頑張るのだろう。頑張っているのに、なぜ頑張れないと叫びながら、傷つけあったりしてしまうのだろう。

できないところ探しをして、そのたりない穴埋めに多くの時間を費やす生き方。同じ時間を使うのであれば、できないことをできるようにする努力を繰り返すよりも、自分ができないところを得意な仲間を探す方が早い。ちがうところが得意な人と仲間になって人生を歩んでいった方がずっと豊かで楽しい。

もし私が真っ白なタイルではなく、虹色なジグソウパズルのピースだったと知っていたなら、四角になれない自分の凸を削ること、隠すことに自分の時間を浪費することはしない。

尖ったところを探しては、引っ込める練習をして、見つからないように息を潜めているよりも、誰かのために、自分の得意を使う生き方をする方がずっと優しい人生になる。

完璧な人なんて誰もいない。そっくり同じ形の真っ白真四角な人なんて誰もいない。

誰だって凸凹があるし、素敵なところがあるし、苦手なところだってある。

同じを求め、ちがうところを見つけては仲間外れを繰り返していたら、最後はひとりぼっち。だって、私たちは、もともと、誰ともちがう。私たちは自然界の一員なのだから、自然は多様で一つ一つちがっている。そのちがいは誰とも入れ替えることはできない。誰の代わりになることもできない。みんなちがうからだ。そのちがいを生かすために、つながることが大切。

子　なぜ本当は虹色の凸凹なのに、
　　白い四角のふりをしているの？

母　本当の色と形を見せたら、不安だから……

子　とんがりを削って、見せないふりをすること、
　　へっこみを出っ張りに見せる練習をすること、とても疲れる
　　誰かの凸凹と私の凸凹を組み合わせた方が、
　　もっと素敵な形ができる

ましかく!

Illustration by ともね

ムムム…
はまらん
こいつとは
気が合わん…
でも
見方をかえれば
ピッタリ
仲良くなれる
かもしれない
ウム

Illustration by ほゆの

4　私の中のさみしいパープル

自分の中にある、あたたかな記憶を探っていくと、祖母と一緒に散歩した道や金木犀の匂い、初夏の夕暮れに路地から聞こえる三味線の音や水撒きして遊んだ記憶がよみがえる、両親や家族という言葉を聞いたとき、穏やかで懐かしい気持ちがよみがえる。そんな人は幸せである。

自分が親になると、自分が忘れていた子どもの頃の様々な感情がふとよみがえるときがある。親の仕草、わらべ歌、子どもとの関わり方、懐かしい遊びなど、とっくに忘れていたのに、子どもが前に現れると急に思い出す。

自分の中に辿ってはいけない記憶もある。悲しみ、孤独、不安といった得体のしれない暗闇。幼い頃の冷たい記憶。ただ漠然とした不安。子どもの泣き声を聞くたびによみがえる自分が子どもの頃感じていた恐怖、不安、拒否などの負の感情。

子育てしていると負の感情がよみがえってしまうこともある。感情とは不思議でやっかいなものだ。負の感情は、きっと自分の親が私を育てているとき、何かしら感じていたものだろうが、それが自分に投影されているのだろう。それくらい、親が過酷な状況にいたのではないかと考えてみることにする。幼かった頃の自分の幸せを第一優先にできなかった、私の知らない別の理由があるということだ。

自分の生まれ育った家庭だからといって、親を含め、周囲の大人の事情など幼かった自分がわかるわけもない。その頃の私はきっと自分のことを大切に慈しんでほしかった、ただそれだけだったのだ。私の中にあるパープル。さみしく甘えん坊で孤独な色。

親が自分の不安や悲しみを子にぶつける。子どもは純粋で無力だ。

親から子どもへ、強い方から、弱い方へ弱い方へと悲しみの連鎖が続く限り、世代を超えて負の連鎖は継続する。

子はいつか自分の孫に、周囲の人に、私の悲しみをぶつけていくだろう。

負の連鎖は知性で断ち切ることができる。

自分を知ることが、子どもを幸せにする近道。

おかあさんは　大切に育てられたから、
あなたを大切にするね
おかあさんは　傷つけられて育ったから、
あなたを大切にするね

5　私の中のゆっくりブルー

本当の私は、のんびりが好き。走りながら、ときどき思う。道草が好き。咲いている野の花、ペンペン草、はこべ、れんげ。一つ一つ匂いを嗅ぎ、そして青空を見てぼんやり雲を観察するのが好き、だった。

でも、自分らしいペースで生きることなど、とっくに諦めて生きてきた。

母はいつも口癖のように言っていた。「早くして、早く！」

母親と私は生きるスピードが合わない。なぜ、何のためにいつも急いでいるのだろう。幼い頃から私には理解できなかった。信号を待たないために次の交差点まで走る。

流れる雲も小鳥の声も川のせせらぎも、ずっと見つめていたいし、聞いていたい。ただこの瞬間を見つめていたいのに、わき目もふらずに走り続けている。

あるとき、ふと考えた。自分らしさを抑えて、私はただ母親に好かれるために生きているのではないか。本当は急ぐと疲れてしまう私。それでも速く走る練習ばかりしてきた。

あるとき、我が子が道端に座り込んで何かをじっと見つめていた。

「早くして、早く！」——叫んでから、はっとした。

私はあんなに嫌だった母と同じセリフを子どもに叫んでいる。

同じスピードで歩く。みなのスピードに合わせて生きる練習の繰り返し。それで本当に幸せになっただろうか。多数派のつくった時間の流れ、時間割、時計に合わせて、自分に合わないペースで生きていく必要は今の私にはもうない。私の時間の流れがある。

私の中のブルーを大切に生きる。ゆったり時間が流れていく分、深い時間が流れている。

孫　　　　　おばあちゃん、もっと速く走って

おばあちゃん　膝が痛くて、私はもう走れない

孫　　　　　気のせい、もっと頑張る

おばあちゃん　私があなたのおかあさんに
よく言っていたセリフだわ

6　私の中の一人が好きなアクア

一人で考え事をするのが好き。みなが一緒にいても、おしゃべりしていても、本当は一人が好き。人が嫌いなわけではないけれども、好きなわけでもない。

途中で、誰かに話しかけられ、予期せぬことで思考が遮られるのは、とても苦痛。

透明で純粋で繊細で孤独を愛するアクア、私の中の色。

みんなといることは基本的に疲れる。

回転していた思考の糸口は切れかけたまま、どこかに置き去りにされ、かき乱される。

子どもは苦手。

何か深く思考しようとする。子どもが泣く。そのたび、私の中で何かが壊れていく。

だから最初から、考えないようにする。

子どもが後追いしてくる。

子どもに抱っこをせがまれる。

子育てはきちんとしたい。

いい母親でありたい。

でも、子どもと長時間、一緒にいるのは苦しい。

母親失格？

子どもを抱っこするのが本当は苦痛だなんて、誰にも言えない。

よい母親でなければならない。

でも本当は、一人になりたい。

子どもの泣き声が苦痛。

一人でじっとしていたい。

子どもと二人きりでいる時間は、とても長く感じられる。

この時間が早く過ぎてほしいと思う。子どもが早く大きくなればいいと思う。

一人が落ち着く私の中の透明なアクア。

子どもを大切に想う気持ちに変わりはない。

子　ママ、抱っこ
母　アクアの私は、抱っこが苦手……
あなたをたくさん抱っこしてくれる人を探してくるね
SOS
NEED HELP
だれか たすけて～
I LOVE you!
I'm sorry.
ママ だっこ～

7　私の中の敏感なグリーン

自分が感じているのと同じように、周囲も感じていると勘ちがいしている。自分の脳が物事を見ている。反対に他者の目から世界がどう見えるか？　他者がどう感じるかを想像することは誰にとっても難しい。

きちんとしているのが好き。予定通りにやるべきことをする。そうでないと不安になる。わずかなちがいに敏感。音、匂い、刺激、味、くすぐったさ、まぶしさなどを感じやすい。繊細で感受性が豊かで、疲れやすい。よく聞こえ、よく匂いがわかり、よく手触りのちがいがわかる。

哺乳瓶の消毒。離乳食のつくりかた。子どもが触るもののすべての衛生。ちょっと散らかっていても落ち着かない。小さなことまで気になる。完璧主義の私の中の色、グリーン。

幼い頃から、予定の決まっていないこと、はじめての人や人が集まるところに行くことが不安。自由な時間、どうしていいのかわからなくて困ったことがよくある。はじめての場面や場所は特に苦手。

子どもが突然泣く。どうしてよいのかわからない。子どもが突然手をひっぱる。何を言いたいのかわからない。

私の決めた通りにやってほしい。私の思った通りに動いてほしい。振り回されて生きたくない。

我が子であっても、子どもは自分とはちがう人間。自分ができないことは、無理しなくていい。得意な人が助けてくれたら、それでいい。なんとかなる。適当で大丈夫。頑張りすぎなくても大丈夫。それはグリーンな私の安心のためのおまじない。

母　水たまりに映った頑張り屋さんの顔は、私かしら？
それともあなた？
私たち親子、よく似ているね

子　おかあさん、ボクもっと頑張るよ

母　もうそんなに頑張らなくても大丈夫
頑張りすぎちゃう私たちへのおまじないの
言葉は、同じね

8　私の中のおっちょこちょいなオレンジ

嫌なことがあっても、次の日には、忘れている。

すぐなくす、いつも何か探している。じっとしていることが苦手。仕事は引き受けすぎて、それでいて、何から手をつけていいのか、わからなくなる。整理整頓は大の苦手。見えなくなると不安になるため、とにかく並べて置いてしまう。見えないところに置くとすぐ忘れてしまう。

健診を忘れる、手帳を置き忘れる、スマホを落とす。それなのに約束しすぎて、優先順位がわからなくなる。ごちゃごちゃになって思考整理ができなくなる。

よく遅れる。気をつけていても、人を待たせてしまうことが多い。なくすことも多い。鍵、スマホ、バッグ、大切なものでも、どこかに置き忘れて冷や汗をかいた経験、多数。

人の気持ちには敏感、よく気をつかう。だから、自分のことより人のこと。優しくて、おせっかいで多くの人に必要とされる。自分のことができていなくても気にならないのに、人のことは気になる。すぐに助けに走りまわる。自分のことのように喜んだり、感動したり忙しい。誰かが失敗し、辛い思いをしていると、じっとしていられなくなる私の中のオレンジ。

家族みんな、世界中みんな、忘れっぽかったら、結構、平和ではないだろうか。

サザエさん一家やのび太くんのように、失敗が多くても面白くて愉快で笑いが絶えない家族。

自分が失敗ばかりしているから、周りの人が助けてくれる。完璧な人ばかりでは、息がつまりそう。だから、オレンジな私を大切にしよう。

子　おかあさん、なぜ昨日言ったこととちがうこと言うの？

母　すぐ忘れてしまうの

子　そうか、それがおかあさんがいつもご機嫌の秘密か

9　私の中の動くの大好きイエロー

子どもと二人になって、部屋の中にいると、イライラする。子育ては退屈すぎる。幼い頃から、思いつくとすぐやりたくなる。じっとしているのが苦手。頭の中はいつも新しいアイディアでいっぱいだ。体を動かしていれば、楽しいが、何もせずにいると落ち込む。いつも刺激的な新しいことを求めずにはいられない。

やることはたくさんある方がいい。いつも人に会って、忙しい方が安定している。

冒険と活動が好き。旅が好き、探求しているのが好きな私の中の色、イエロー。

イエローが濃いときは、自然の中で子育てしよう。土や水や風や森や海があれば、いつだって走り回っていられる。コンクリートは外側の形がちがうように見えて、中身は同じ。この閉じた環境が似合わないなら、自然の中に身を置こう。なるべく多くの時間を戸外で過ごす。

人間はもともと一人ひとり大自然。人の手で私とそっくりのクローン人間を創り出すことは誰もできない。だって私たちは自然の中で、一人ひとり進化してきたのだから。イエローな私は自然の中で、まだまだ進化中。だから、動くことがよく似合う。一人が苦手でいつも走り回っている。そんなおかあさんがいてもいい。

母　なぜまだ話している途中で割り込んでくるの？

子　今でないと、話したいことを忘れてしまうんだ

子　なぜママは、いつも忙しいの？

母　忙しくしていないとさみしくなってしまうからよ
私たち、イエロー親子ね

GOOD IDEA!!
mama…
mama…

10　私の中の正義、レッド

小さい頃から、ミスするのが嫌い。何でもきちんと仕上げたい。一番になりたい頑張り屋。人のまちがいにもよく気がつく。自分が決めたら、成し遂げたいプライドが高い。得意なことは、興味が深くて集中力が高い。好きなことは何時間でも没頭できる。

自分の気持ちを相手に伝えるのが苦手。冗談を真に受ける。社交辞令やお世辞を言うなど、苦手。言葉はそのまま純粋に受け取る。真面目すぎると言われる。実際、冗談がよくわからないときがある。友達にからかわれたり、空気がよめない、と言われたりして、落ち込む。

完璧主義で正義の幅が狭く、自分の思った通りに物事が進まないとイライラする。できない相手のことも気になってしまう。

それにしても子育ては苦痛。完璧に子育てしたい。それなのに何一つ思い通りに進まない。

私の子どもは忘れ物ばかり。すぐミスをする。頑張らない。すぐ投げ出す。なぜ頑張れないのだろうかとイライラする。頑張ればできるのに。

自分の正義のハードルを次々設定して、子どもをどんどん追い詰めてしまう私の中のレッド。

私の中に眠っている柔らかく傷つきやすい感性。それを自分の親に否定され、封じ込めて生きてきたように思う。だけど、私が幼い頃嫌だったことを再び子どもに押し付けていないだろうか。純粋で、知性的で、才能豊かで、仕事のミスはなく、遂行能力が高く、感覚が鋭い私の中のレッド。

自分が頑張って、乗り越えた。だから、それができない人、頑張れなかった人が我が子だったら。どんなに苦しくても頑張れば、できるのに、あなたは頑張れなかった弱い人。自分のことを知らないまま大人になる。

もし、自分の中のレッドを理解しなければ、自分の正義が狭く強くなるほど、自分や他者を傷つけるリスクが高くなる。親であっても、子どもが大切だからこそ難しい。もし、私がこの子だったら？　もし、私がこの人だったら？と立場の入れ替えができること。それは人間らしい柔らかい知性。そこを目指してみよう。

休むな!
できる
まけるな
ファイト!!
KEEP GOING
成せば成る
根性
努力
・・・。
根性

母　なぜ、頑張れないの？

子　ママは頑張って、いいことがたくさんあった人なんだね
ボクはちがうのに……

第Ⅲ章

ありのまま子育てで私らしく生きていく

ち が う こ と は 強 い こ と

私 は 私 ら し く 生 き る

こ の 子 ら し さ を 大 切 に 生 き て い く

1　できないこと探しにさよなら

他の子より自分の子どもが優れているところを見つけて安心する人がいたら。
その人の子育てはきっと窮屈。

誰かが自分の子どもより劣っているところを見つけて安心する人がいたら。
その人の子育てはきっと不安。

安心するためにずっと誰かと比べている。
だけど、我が子を他の人より大きく見せたくなる人が、自分のありのままを大切に生きることはできない。

誰かの優れたところを見つけて心から喜べる自分。
誰かのよいところを見つけるのが上手な自分。
穏やかな子育ては和やかで楽しい。

どちらの道を選ぶのか、自分で決めること。
私の大切だと思うことを大切にして、子育てできることは尊い。

私たちは、人と比較しないという強さと自由を大切にしたい。
穏やかな子育ての方向に、いつでも舵を切りなおすことができる。

できないこと探しばかりする私に、さよならしよう。

何かができるから、その子が大切なわけではない。
その子は何もしなくても、もともと、よいところがたくさんある。
よいところを探して、たくさん、あたためよう。
そんな毎日には、ささやかな小さな感動がたくさんある。

子　おかあさんは、なぜいつも文句を言っているの？

母　あなたのためだからよ

子　子どもが頑張るのは母のため、なんだけどな

2　私の宝物

もし、将来、この子と別れる瞬間がきたとき、私は後悔しないだろうか？

最近、子どもと一緒に何かに感動し共有しただろうか？
落ちていく夕陽を見て、一日の大切さを共に感じただろうか？
動物や植物を慈しみ、日々のささやかな変化に気がついただろうか？
一日の終わりに今日あった様々なことについて語り合っただろうか？

最近、子どもを無条件でぎゅっと抱きしめているだろうか？

宿題、成績、偏差値、試験、提出物。日々、何かに追い回され、塾に通い、家族と語らう時間も雲の流れを見つめる時間もない。

どんなよい成績でも、よい学校でも、どんなよい会社に入れても、食事も別々で、最後はみなひとりぼっち。子どもをどんどん追い詰め、親子関係が壊れていき、やがて、お互い別れるその瞬間、この子との間に何が残るだろう。

親子関係を壊して、幸せになれる人などいない。親子関係を傷つけてまで大切なものなど、この世にはない。

いつの頃からか、家族で夕飯を食べないことはあたりまえになった。
気がつかないうちに、子どもは町から消え、誰も遊んでいない。見守る人も消えていった。

　お稽古に行き、塾に行き、スポーツでも勉強でも競争し、順位をつけて、繰り返し練習してきた。人間関係は苦しくなり、本音で語れるあたたかな仲間がいなくなり、親も子もそれぞれ孤独になった。

　子育てを通じて、もう一度、子ども時代から、こんな風に過ごしたかった感動の再現ができる。自分が親子でできなかったことも、喜びも楽しみも、子どもともう一度体験することができる。親子のよい時間を大切にしていると、不思議なことに私たちの周囲には人々の笑い声が戻ってくる。

　それが私の宝物。

母　なぜおかあさんの言うことを聞かないの？

子　おかあさんの夢を叶えるロボットになるための
　　スイッチを切った

3　あたたかな仲間

ある人は子どもを預けることができない。専業主婦の家庭で幼い頃から母親に大切に育てられた。幼稚園も送迎してもらい、帰ってからも一緒に友達の家に行ったり、お稽古事をしたりとさみしい思いをしたことなどない。

最近、自分の体調がすぐれない。子どもは、とても元気がよく、常に動き回っていた。保育園に預けないと自分が壊れてしまうのではないかと思ったが、それでも、預けるかどうか迷っていた。1歳にもなれば、預けるとき泣き出すことは目に見えていた。1回試しに一時預けてみたが、子どもはずっと泣いていた。預けてしまった自分への罪悪感でいっぱいになった。

やはり、子どもを預けることなど考えられなかった。本当はヘトヘトに疲れていて、子どもに感情的に当たってしまうこともある。それでも預けられない。子どもを急き立て、バタバタと保育園に送迎する親を見て「あんな小さなうちから預けるなんて、かわいそうに」と自分の母親が囁いていた声を聞いて育ったから。

子どもを預ける相手はよく見た方がいい。信頼できないと思ったら、やめた方がいい。

でも自分が疲れてヘトヘトで壊れそうなとき、預けることに罪悪感はいらない。

信頼できる人を見つけることが親の仕事。その人には、子どもを預けて大丈夫。

最初は泣いていても、やがてその環境に適応をはじめる。せっかく、かわいい子どもを自分だけが見ているなんて、もったいない。預けた先の人は、自分より元気で豊かで遊びをたくさん知っていて、一緒に走ったり、笑ったり、抱っこしてくれるかもしれない。子どものかわいらしさを多くの人に分ける。

頑張りすぎて、へとへとになって、子どもに負の感情を当ててしまうくらいなら、預けている時間に回復しよう。迎えにいくとき笑顔になれる母親でいた方がずっと幸せなのだから。

助けてもらうことは勇気がいる。だけど、今は子どもの幸せのために自分の心を豊かにするための勇気をもとう。助けられる自分になったとき、誰かに返せればそれでいい。

子　おかあさんにもらった
この美しい花は
おかあさんに返せばいいの？

母　あなたが大人になったとき、
ちがう誰かに渡せれば、
それでいいのよ

4　ちがうことは、強いこと

誰かを責めても泣いていても、大事なことを解決するための糸口は見つからない。
本当は誰もわるくないのに、なぜこんなに苦しいのだろうか？

そんなとき、思い切って、自分の置かれている環境を変えてみよう。

劣悪な環境では自分をあたためることができない。
安心できる環境では自分の中にある色の素敵なところを生かすことができる。
狭く暗いコンクリートの部屋の中や周囲が意地悪な人ばかりの不安とストレスだらけの環境では、自分の中にある色の冷たく嫌なところが出てくる。

私の中の誰ともちがう色と形。
それこそが私が存在する意味。
私だけにしかできない役割。
何も知らない優しさもある。
でも、深い悲しみを知っている優しさもある。

ちがうことを強みにかえて生きてみよう。

ちがうことは、強いこと。
強いことは、優しくなれること。
ちがうことを、強みにかえるために。

私は私らしく、生きる。

私が私らしくあれば、この子らしさを大切に、生きていけるのだから。

かけがえのない、たった一つの命を
授かった子どもたち
そのちがいが、あなたの自信と誇りに
なりますように

おわりに

よく聞かれる質問があります。

子どもがみなとちがう行動をするのですが、どうやったら、同じようにできるようになるのでしょうか？

脳の機能も身体もちがう少数派なのに、多数派の平均値に合わせることが目標となり、頑張ってもできない自分を責める発達少数派の子どもたちを長年見てきた私はその答えに困っていました。

本当は誰もがそれぞれ少数派の要因があること。少数派であることはダメなことではなく、本当は素敵なこと。多数派に合わせるのがあたりまえであるという価値観は、自分の中の少数派を隠して生きるという生き苦しさにつながってしまいます。ちがいを私らしさとして、生きるための勇気に変えたい。

この本は多くの方と子どもたちが協力してくれました。イラストは繊細な気持ちをあたたかなラインで描いてくださる細田愛子さん。写真は小学生の頃から素敵な感性で、感動をたくさん切り取って見せてくれた下山ひかりさん（撮影時 12 歳）。星とおひさま葉山里山の学校の代表で、いつも笑顔でみんなのお世話をしてくださる下山美奈子さん。「一人ひとりは白い四角じゃなくて虹色のジグソウパズルみたいなものね」と話したら、イラストにしてくれた当時小学生だった友音さん、中学生だったほゆのさん。そして本づくりにお付き合いいただいた山崎美奈子さん。みなさんの力で素敵な本ができました。最後に、暑い夏の盛りに私を産んでくれた、米寿記念の母の絵とともにお伝えしたかったことが詰まった本ができました。

関わってくださった多くの方に感謝申し上げます。

その子らしさを大切にする子育てがあなたを幸せにしますように。

星山麻木

── 著者紹介 ──

星山　麻木（ほしやま　あさぎ）

明星大学教育学部教育学科教授。保健学博士。一般社団法人星と虹色なこどもたち設立代表。一般社団法人こども家族早期発達支援学会会長。日本音楽療法学会認定音楽療法士。一般社団法人星とおひさま葉山里山の学校虹色特別顧問。映画『星の国から孫ふたり』監修。東京大学大学院医学系研究科国際保健学専攻（母子保健学）博士課程修了。行政や教育委員会と連携しながら、様々な地域の子育て支援、サポーター育成、早期発達支援、子育て支援ワークショップの開発、療育や特別支援教育の実践を行っている。

また、子どもと家族のために楽しく創造的でありながら、発達を支える実践研究を行うために星山研究スタジオをオープン。ここでは、子どもに関わるすべての方の専門性（ワークショップ開発、療育、特別支援など）を高めるための人材育成、研修を行っている。音楽や動きを楽しみ、お互いの自尊感情と創造力を大切にするクリエイティブ音楽ムーブメントを実践、ワークショップは 20 年以上の実績を持つ。

著書に『この子は育てにくい、と思っても大丈夫―生まれてきてくれて、ありがとう 子どもに伝えたいあなたのために』（河出書房新社）、『増補新版 気になる子もみんないきいき保育―ここからはじめよう、幼稚園の特別支援教育』（共著、河出書房新社）、『星と虹色なこどもたち―「自分に合った学び方」「自分らしい生き方」を見つけよう』（学苑社）、『障害児保育ワークブック―インクルーシヴ保育・教育をめざして』（萌文書林）他多数。

一般社団法人星と虹色なこどもたち

発達サポーター研修があり資格取得できる。HP（https://hoshiyama-lab.com）からインスタグラム、You Tubeから最新の情報をご覧になれます。

一般社団法人こども家族早期発達支援学会

早期発達支援士の資格が取得でき、学びあえる学術団体。HP（https://kodomokazoku.org）

一般社団法人星とおひさま葉山里山の学校

写真の多くがこの里山で撮影されたもの。学校や集団が苦しい子どもたちも自然とあたたかな人々やホース（馬）で元気になる。HP（https://hoshi-ohisama-hayama.com）

*「虹色な国の子どもたち」（49-52ページ）の詩は、『星と虹色なこどもたち』（学苑社）からの再録です。

ちがうことは強いこと

――その子らしさを大切にする子育て

2021年7月20日　初版印刷
2021年7月30日　初版発行

著　　者　星山麻木
発 行 者　小野寺優
発 行 所　株式会社河出書房新社
〒151-0051　東京都渋谷区千駄ヶ谷2-32-2
電話　03-3404-1201（営業）　03-3404-8611（編集）
https://www.kawade.co.jp/

デザイン　石山ナオキ
イラスト　細田　愛子
撮　　影　下山ひかり・下山美奈子（P49下）
装　　画　柳沼知恵子

印刷・製本　三松堂株式会社

Printed in Japan
ISBN 978-4-309-28904-5